I0116299

LAS VOCES DEL SILENCIO

WILSON RIVERA RAMOS

Derechos Reservados © 1999, 2015 **Wilson Rivera Ramos**

Todos derechos reservados. Ninguna parte de esta publicación puede ser reproducida, distribuida o transmitida en cualquier forma o por cualquier medio sin el permiso previo y por escrito del autor.

Wilson Rivera Ramos
P.O. Box 1062
Moca, PR 00676

Diseño de portada: Jan Rivera.
Concepto portada delantera basado en: "Silence" por Nastco.

Las Voces del Silencio/ Wilson Rivera Ramos. – 2da ed.
ISBN 978-0-6923865-8-3

Tabla de Contenidos

Prólogo .... *iv*

Agradecimientos .... *v*

Las Voces del Silencio 9

Panchita 15

"La Otra Cara" 21

El Viaje 25

Emergencia 29

Amanda 35

Víctor 39

Pedro 45

Toño: "Me Duele Quererte" 49

Crisis 55

Virazón 61

"Me lo Contó Cristina" 65

Poemas para Romper el Silencio 69

Compromiso 71

Opresión 73

Anhelo 74

Alas Rotas 75

Mi Verso 76

Identidad 77

I 83

II 84

III 85

Adolfina 89

Encuentro 90

Solidaridad 91

Ser 92

Otros 93

   Adiós 95

   Ausencia 96

   Siempre Tú 97

   Naufragio 98

   Amiga 99

   ¿Dónde Estás? 100

   Espejísmos 101

   Oasis 102

   Raíces 103

   Presencia 105

   Peregrino 106

   Bandera 107

   Decir mi Palabra 109

A mis hijos
Armando, Andrés,
Jan Paulo y Juan Antonio
porque son la luz que alumbra mi ventana
y el motivo para romper mi silencio.

Prólogo

"Las Voces del Silencio" intenta articular "la voz de los que no tienen voz" porque se les ha "Prohibido del Habla" por años.

El poder autoproclama su voz como la única verdad en un proceso de imposición histórica que culmina silenciando la expresión del oprimido y legitimando la voz del opresor en el silencio.

El contexto cultural en el cual cohabitan el rico y el pobre; el "grande" y el "pequeño"; el dueño y el trabajador; configura como natural la desigualdad y la injusticia mediante el "consejo sabio" y rutinario del ¡cállate! que se brinda al niño, al joven y al adulto.

Esta condición que acondiciona a la autosujección se transforma en grito en la voz de aquellos cuya conciencia los convierte en perseguidos por el mero hecho de constituirse en los protagonistas de Las Voces del Silencio.

Agradecimientos

Mi agradecimiento a mi esposa Violeta por facilitarme el espacio que he necesitado para completar este libro. Gracias, también, por tus acertados comentarios y sugerencias en cuanto al contenido y al concepto del mismo.

Gracias a mis hijos por su estímulo al expresarme, con entusiasmo, su gran interés en mis trabajos.

Vaya, además, mi agradecimiento a mi madre porque con su vida imprimió en mí un gran interés por escribir.

Muchas gracias a la Lic. Rosa Mercado por su generosidad al facilitarme el título de una de sus columnas en El Nuevo Día, Las Voces del Silencio, como título para este trabajo.

Finalmente, quiero expresar mi mayor agradecimiento a los personajes que pueblan las páginas de este libro, personajes sacados de la vida diaria, pues sin ellos no hubiera sido posible contar Las Voces del Silencio.

Este maldito silencio mío
quisiera tener alas y volar
hacia espacios oscuros,
al infinito,
hacia extraños lugares,
al fuego, la nada,
donde el mismo silencio
no pueda entrar.
Este maldito silencio mío,
tuyo también,
quisiera desbordarse
y echar a andar.

Me desperté asustado
Soñé que estaba despierto.

LAS VOCES DEL SILENCIO

A solas, en mi cuarto, intentaba dormir. Un alarido de voces dispersas martillaban mis sueños. Me levanté, fui al baño e intenté, luego, reconciliarme con morfeo, pero las voces, aquellas voces, alborotaban mi quietud. En vano me revolqué en las sábanas blancas de mi cama. Fue inútil todo intento de esconderme debajo de la almohada. Me senté. El olor a detergente Wisk no fue suficiente para disimular el profuso sudor y decidí, por lo tanto, enfrentarme a las voces que entretejían el aparente silencio. ¡Cuántas verdades! ¡Cuánto dolor!

Las voces se escuchaban cada vez más cerca. Penetraban las paredes. Entraron a mi cuarto y en cada esquina se fueron transformando en imágenes vivas que, a viva voz y de repente, me fueron contando sus secretos. Comprendí, entonces, que el silencio está formado de suspiros y que los suspiros son voces apagadas por la necesidad.

Una a una, la muchedumbre de voces que alumbraba mi cuarto desfiló frente a mi objetivando su existencia: las voces del dolor oculto de las miles de costureras que, dormitando en sus máquinas, sostienen familias y pueblos; la espera desesperante de mujeres y hombres murmurando, entre dientes, sus disgusto por la insensibilidad con la cual la rutina del consumismo comercial ha investido a médicos y secretarias en las oficinas y salas de espera del cuestionado servicio médico que se nos ofrece; la incertidumbre que la imposición e ineficiencia escolar produce en los cientos de miles de estudiantes nuestros que catalogan de 'aburridas' nuestras escuelas; la ansiedad de nuestras jóvenes y sus embarazos a edad temprana; la angustia e inseguridad de los que a diario se saludan en las filas del desempleo; el estigma indignante que marca a "los cuponeros", como grotesca y malintencionadamente se les llama; el asombro con el cual miles de niños y niñas, con hematomas por todo su cuerpo, lloran en cuartos oscuros, sin comprender porque se les maltrata; la soledad característica de miles de nuestros adolescentes deambulando por nuestras calles; el sentimiento de impotencia de las víctimas del abuso policiaco; la sed de los que sobreviven el racionamiento de agua declarado por la insensatez ideológica de los que lo imponen; el llanto desconsolador de las madres que observan los cuerpos acribillados de sus hijos en los noticieros televisivos; el incrédulo dolor de los familiares de aquellos que han sido víctimas de la negligencia del servicio 911; la entrega incondicional de aquellas personas, que por necesidad, trabajan para politiqueros que manipulan sus votos y sus vidas; el asombro, la sensación de soledad y la angustia que a diario viven aquellas mujeres que, en silencio, toleran la agresión brutal de sus "parejas"; el vacío existencial que queda en los familiares de aquellas víctimas inocentes de la ola criminal que nos azota; y las cientos de miles de otras voces que, a partir de ese entonces, visitan mis sueños trastocando, para siempre, mi noción de lo real.

La noche transcurrió al galope. Las voces, que hasta ese momento tintineaban como cocuyos en la oscuridad, lentamente perdieron su intensidad. El sol nos saludó. Me levanté, me vestí, entre sorbos de asombro y café, y me fui a mi trabajo, esta vez, con ojos bien abiertos y más atento a todo lo que ocurría. A ratos, me parecía escuchar las voces de mis noches. Insistentemente miraba a mi alrededor, con la esperanza de verlas, y "Realidad" me abofeteaba la cara. En esta ocasión las voces tenían rostros, y los rostros, nombres y apellidos. Entonces, comprendí que el día y la noche son dos caras de una misma moneda, que "Realidad" nunca duerme, suspira, y que el silencio es otra dimensión de lo que a diario acontece en nuestras vidas.

En la tarde, al regresar a casa en mi Toyota color vino, tomé la ruta que me condujo a La Sierra, un monte algo abandonado del pueblo donde vivo, y una vez en la cima, me detuve. La lluvia arropaba las casas, las calles y el paisaje que se extendía en la distancia; la flora y su verdor me cautivaron; el color grisáceo del lejano mar se confundía con las nubes cargadas de humedad y un coro de voces cantaba su silencio. En ese preciso momento, de ese precioso lugar, aprendí a respetar el silencio, mientras recordaba la canción de Serrat que nuestro amigo Gardy acostumbra cantar en la humeante "Biblioteca" de Sony: "Pero los muertos están en cautiverio y no los dejan salir del cementerio".

El susurro de voces comenzó a ser más fuerte y frecuente cada día. El silencio se fue transformando en diálogo y el diálogo en necesidad, cada vez mayor, de contar las historias que me cuentan las angustiadas y desesperadas voces. El silencio quiere gritar. Calla por necesidad y temor. Yo, yo no puedo callar. Nací para cantar "Las Voces del Silencio".

*A todas las Panchitas
porque "son el taller
donde se forja la vida".*

PANCHITA

Aprendió con su madre, y a pasar de ella, a coserse el futuro con su SINGER. Trabajaba día y noche, sin descanso, porque sus hijos "tenían que comer". Desde que se fue su esposo, porque no pudo con la carga, su lucha consistía en "producir la tarea" para "conseguir el pan".

Panchita conocía muy bien el refrán de "a falta de pan, galleta", tanto, que desde su soledad inició, sin pensarlo mucho, su lucha por la supervivencia familiar. Observarla me ha hecho pensar que no hay mejor proceso de cambio que la necesidad. "Por mis hijos", como solía decir, fue víctima de la necesidad de producir para otros, a cambio del miserable sueldo que le obligaba a endeudarse con las populares y explotadoras financieras, agencias que tanta alegría y dolor han repartido entre nuestra gente. Con la esperanza de "coger unos chavitos" jugaba su pesito en "la bolita", que se convirtió, en una inversión semanal en busca del "resuelve".

Así era Panchita. Una costurera que cosía su vida puntada a puntada para que los "Luises" puertorriqueños cenaran juntos en Washington. Viajes y cenas que pagó Panchita, sin saberlo, para que sus hijos "pudieran ser gente".

Trabajaba en Ropa Sultana, una fábrica en el barrio La Concordia, donde, a pesar de su alta presión cumplía con su tarea diaria para no ser despedida. Ganaba veintitantos dolores semanales, excepto los dos meses que tuvo que convalecer de aquel accidente automovilístico que la envió a la Clínica Perea, aquella tarde fatídica, cuando saliendo de la fábrica, una guagua la impactó. Ningún supervisor fue a verla, aunque en una reunión gerencial la mencionaron porque "su ausencia está afectando nuestra producción".

Meses después tuvo que cambiar de empleo. Le habían hecho la vida imposible, de mil formas y maneras, para que renunciara. ¡Maldito sea!, nos gritaba su silencio. Sé que maldijo mil veces nuestra pobreza, aunque nunca lo dijo. Lo sé, porque yo también la maldije cuando me enteré de su nuevo empleo. Yo tenía apenas seis o siete años, los suficiente para intuir que mi madre sufría. Su dolor callado era igual a mi amor sufrido. Era un grito en el silencio que yo, a pesar de mi corta edad, convertí en lucha y consigna. Lucha y consigna que hoy transcribo en merecido homenaje a "todas las Panchitas".

Mi madre luchaba sin parar. Trabajaba en la fábrica todo el día para, llegada la noche, continuar su tarea hasta las dos, tres o cuatro de la madrugada. ¡Cuántas noches mis ojos espiaron su cabecear en la maldita máquina! Todos dormían, mis ojos observaban, y en ellos se acumulaban mis ansias de gritar. ¡Cómo me impresionó la vida de aquella mujer! ¿Por qué ocurren estas cosas?, me preguntaba. ¿Por qué tanto dolor para vivir?, me sigo preguntando.

Panchita continuó su caminar. La pobreza la empujó a conocer la mayor parte de los barrios pobres de Mayagüez. De esa forma conocí a la buena gente de Trastalleres, Dulces Labios, Vadi, Colombia y otros tantos barrios de la jugosa ciudad del mangó. De todo ese pueblo, confieso, prefiero a San Silvestre, un semibosque plantado en el corazón de Mayagüez. (convertido hoy en la jungla de cemento bautizada como Centro Gubernamental), repleto de árboles frondosos cargados de las sabrosísimas frutas silvestres que tantas veces deleitaron mi reseco paladar de niño curioso.

Una tarde, ¡vaya tarde!, escuche conversar a mi madre con Tati, su amiga "piel canela"; "No sé que hacer, Tati, recibí una carta de la CRUV diciendo que tengo que pagar más renta o tendré que mudarme". ¡Cómo!, exclamó Tati con incredulidad. "Según ellos, como no me he divorciado legalmente, al considerar el trabajo de mi esposo, debo pagar más. Y... no digas nada, por favor, pero mi esposo no me pasa ni pa la leche de los nenes". ¡Eso no es justo!, comentó Tati exaltada. "No grites", murmuró Panchita, no quiero que lo sepan los nenes".

¿Por qué callas Panchita? ¿Por qué no liberas tu grito? ¿Por... qué?

******

Mis recuerdos, amarrados a mi silencio, empañaban la vitrina de la tienda cuando... Perdone, señor, ¿Podemos ayudarle en algo?, preguntó el encorbatado vendedor. No, gracias, sólo contempló esa máquina, respondí con la mirada perdida en mis recuerdos. ¿Le gusta?, insistió el vendedor, es una SINGER y la tenemos en especial. De trescientos dólares, que es su precio regular, la vendemos en ciento cincuenta. ¡Gracias!, volví a contestar. De forma incisiva el vendedor presiona y sin aguantar más exclamé: ¡Usted no sabe lo que cuesta esa máquina! ¡Usted sólo sabe vender! ¡Esa máquina... esa máquina... le costó toda una vida a mi madre! Señor, espere, me dijo algo asombrado el vendedor, usted no parece entender. Me le acerqué, lo cogí por la corbata y mirándole fijamente le dije: ¡Quién no entiende es usted! Y apresurando el paso me fui a mi casa para abrazar y besar a mi madre.

*A todos los de abajo
porque son la razón de
mi canto ....
.........y a los de arriba
porque lo provocaron.*

"LA OTRA CARA"

Al otro lado del pueblo, en Villa España, no el barrio Colombia donde nos criamos mi amigo Papo y yo, William, el hijo mayor del juez, crecía a su antojo. En el colegio las monjas lo seleccionaron "el niño modelo", gracias a sus constantes donativos a la "Santa Infancia". Era un niño limpio y cuidadoso, no como Efraín, el niño descalzo de San Silvestre. Hasta el cura notaba la diferencia: "¡Por fin está sentado donde le corresponde!" comentó la noche cuando Efraín se sentó con sus amigos en el desordenado zafacón del caserío. Comentario que hirió mi ingenuidad adolescente. Ingenuidad que subrayó el cura cuando cuestioné su evidente prejuicio.

William se graduó con altos honores de la escuela superior privada de mi pueblo. Ingresó becado a la universidad graduándose, eventualmente, de Ingeniería Eléctrica, no como mi amigo Pedro, el de Trastalleres, con quien, a pesar de su muerte, se perdió la guerra en Vietnam. ¡Cómo lloramos su regreso!

En el noticiero de WAPA me enteré del éxito de William. Había sido nombrado presidente de "su compañía", una de las tantas empresas de la industria pesada establecida en la Isla a partir de la década del setenta. En esos días, Dolores, la Mamá de Joaquín, el cojo del caserío, comenzó a recibir los cupones de alimento: ¡Por fin podré comprar en el supermercado!" decía, jugueteando con la libretita en sus manos. Total, como decía Joaquín, ¡Pá que más!.

La boda de William fue "un bótate", como suelen decir los universitarios de Aguadilla. La Catedral se vistió de lujo y hasta el obispo, con su monumental vestimenta medieval, ofició la ceremonia nupcial. Elena, la hija de Mingo, también se casó, pero en privado. Su novio la llevó a la vieja goleta abandonada en la playa de Guanajibo. En ella se juntaron "dos almas que se amaban", como nos dice la "parcelera canción" Dos Almas, mientras en la Catedral, a tono con la ocasión, un coro sinfónico entonaba su "Angelus".

Han pasado los años, William es papá de dos hijos limpios y cuidadosos, como lo fue él. Profesional exitoso, el marido ideal y un padre modelo... "Las noticias en detalle"... ¡Fraude millonario en compañía!... más información en el noticiero de las seis de la tarde.

Al día de hoy, Efraín, el niño descalzo de San Silvestre, trabaja como celador en la institución penal donde William, el honorable, cumple su sentencia.

A todos mis amigos,
especialmente a los
que le dan sentido a
la distancia.

EL VIAJE

¡Búscame!, nos gritaba, mientras se sumergía entre las turbias y malolientes olas de la bahía de Mayagüez. ¡Aquí estoy!, decía entre risas y gritos, al salir nuevamente a la superficie. Así era "Conejo", un muchacho para quien la diversión lo era todo. ¡Cómo disfrutaba de nuestras fugas a "Mojón Beach", nuestra playa, cuerpo de mar donde desembocaban las aguas negras de los desagües del sector Guanajibo en Mayagüez.

Nuestra infancia fue el escenario de nuestra amistad. Su alegría... la razón de ser de nuestro vínculo afectivo.

Cuando terminamos la escuela superior no volvimos a vernos. Él se marchó a Estados Unidos, arrastrado por el afán de conocer "la enorme ciudad de Nueva York" y "buscar el capital" del cual tanto le había hablado su tío: "aquí los chavos se encuentran tirao en las calles". Era asombroso escuchar a "Conejo" contar las miles de cosas que haría en "la ciudad de los grandes rascacielos", como solía decir.

Aún recuerdo, cuando su Mamá, Doña María, me pedía que le leyera las cartas de "Conejo" y le ayudara a escribir las suyas. ¡Cuántas veces mentí sobre la salud de Doña María con la esperanza de abrazar nuevamente a mi amigo! Ella, como si notara mi atrevimiento, me decía: "No te apures, él vendrá algún día". No fue así. Pasó el tiempo y al cabo de unos años supe que mi amigo "Conejo", como solía hacer en "Mojón Beach" en nuestras tardes de fuga, se sumergió en la muerte aumentando las estadísticas del SIDA en la "gran ciudad de Nueva York".

Al día de hoy, cuando acaricio mis recuerdos, Doña María, aún esperanzada, se mece impetuosamente en su sillón de pajilla y madera y, a ratos, levanta su agotada vista al escuchar el inconfundible y ruidoso vuelo de un avión "sumergirse" en el mar.

Mientras, desde el cristal empañado de mi ventana, escucho la voz de Alberto Cortés cantando "Un corazón sin distancia quisiera para volver a mi pueblo".

*A toda mujer que se le
haya negado su derecho
a la vida.*

EMERGENCIA

Eran las cinco de la tarde cuando Luisa llevó a su Mamá al hospital regional de su pueblo, un edificio grande pero viejo, con un amplio estacionamiento al frente donde, de vez en cuando, uno que otro carro pierde su batería.

¡Buenas tardes!, saluda Luisa, ¿Es esta la sala de emergencia? Sí, ¿Qué le pasa?, pregunta una enfermera en tono rutinario. Es mi Mamá, está muy enferma, explica Luisa preocupada, se queja de un dolor fuerte en el pecho, tiene frío y está sudando mucho. Bueno, sugiere la enfermera, pase a la ventanilla del frente para llenar los formularios correspondientes.

¡Hola!, vuelve a saludar, vengo a llenar los papeles para que atiendan a mi Mamá. ¿Cómo se llama su Mamá?, le pregunta una señora gruesa luciendo un traje de J.C. Penny's y un puñado de brazaletes de oro en ambos brazos. María Rodríguez López, contesta Luisa con visible apuro. ¡Cójalo con calma, señorita, no se preocupe tanto!, sugiere la técnica que la atiende. ¿Cómo que no me preocupe?, se pregunta Luisa a sí misma. ¡Deme esos papeles que yo misma los lleno!, demanda Luisa asertivamente presagiando el tiempo que tardarían en atender a su Mamá. Antes de sentarse a escribir pidió una camilla para Doña María. Luego de varias discusiones con el personal logró acostarla y procedió a contestar las preguntas del formulario. ¡Tenga, ya terminé!, dice en tono algo desesperado, a la vez que entrega el formulario a la técnica que la había atendido. La técnica revisa el formulario y Luisa aprovecha para preguntarle, ¿Cuándo nos atenderán? En un momento, expresa la técnica limándose las uñas, todavía tiene que esperar un ratito. ¿Pero...?, intenta reaccionar Luisa. Lo siento, señorita, pero tiene que esperar su turno.

A la siete de la noche, la sala se encontraba aún repleta de gente: unos tosiendo, otros con vendajes o heridas al descubierto y otros, como su Mamá, acostados en las pocas y obsoletas camillas apretujadas en la pared del pasillo.

Su relój pulsera marca las ocho de la noche. Luisa camina intranquila de lado a lado del pasillo. Se detiene, cuando, asombrada, mira fijamente un torbellino de polvo y papeles a lo largo del piso. ¿Cómo es posible?, se pregunta indignada, ¿Es así como debe estar una sala de emergencia? Se dirige a la técnica de la ventanilla y se queja, ¿Puede alguien barrer el piso? Sí, como no, llamaré al muchacho de mantenimiento para que lo limpie, le contestan con cierta ironía.

Cansada de esperar, Luisa se dirige nuevamente a la ventanilla y pregunta, ¿Hay alguna escoba en la sala? Señorita, ya le dije que llamaría al muchacho de mantenimiento. Ya vendrán, tenga un poco de calma, explicó la técnica. ¡Calma, cuánta calma se necesita!, exclama Luisa al mismo tiempo que divisa una escoba en una de las esquinas del mugroso pasillo. Coge la escoba y comienza a barrer el piso. Todos miran con asombro la osadía de Luisa. La técnica con, con cara de ají, voltea su cabeza de un lado a otro, levanta el teléfono y al cabo de unos minutos aparece en escena un muchacho de apenas unos dieciocho años, estatura mediana y algo delgado, con una escoba, un mapo y un cubo: ¡Mire, y que mandarme a limpiar el piso a las ocho de la noche!, exclama entre dientes manifestando su molestia. Al cabo de media hora el piso cobra el aspecto de un piso de hospital.

Doña María se queja y Luisa, cual soldado en guardia, le asiste, ¿Qué te pasa? Estoy un poco incomoda, dice la madre con su acostumbrada serenidad, pero, esta vez no puede ocultar la mueca de dolor que refleja su cara.

¡Señora, son las nueve y treinta y aún no han atendido a mi Mamá!, grita Luisa desesperada. ¡Calma, calma, ya le atenderán!, aconseja de forma impersonal la técnica. ¡No vuelva a pedirme que tenga calma, llevamos cuatro horas y media esperando, más calma no se puede tener y mi Mamá está empeorando! Lo siento mucho, contesta la técnica arreglándose el pelo, pero nosotros hacemos lo que podemos. Los ojos furiosos de Luisa miran hacia todos lados y observa a algunas enfermeras hablando y riendo a carcajadas, a varios médicos, café en mano, conversando entre sí y, dirigiéndose a la técnica, le dice: ¡Tiene razón, no debo perder la calma, pero tampoco debo perder el tiempo! Y se aleja de la ventanilla. La técnica, algo perpleja, murmura, ¡Qué impaciente es alguna gente!, y continua con su manicure.

¿Es usted el doctor de turno?, pregunta Luisa a un médico luego de abrir la puerta del salón al cual entró sin autorización. Sí, asintió el médico, soy uno de ellos, ¿Qué le sucede? Mire, comienza a explicar Luisa algo llorosa, son las diez y cuarto de la noche, mi Mamá y yo llegamos aquí a las cinco de la tarde y llevamos cinco horas y quince minutos esperando para que nos atiendan. Ella tiene un dolor fuerte en el pecho, mucho frío y está sudando mucho. No podemos seguir esperando. ¿Dónde está su Mamá?, pregunta el doctor. Acostada en una camilla en el pasillo, dice Luisa, a la vez que camina apresurada hacia la puerta. El médico, un joven alto, algo gordo y poco pelo, la sigue, estetoscopio en mano, mientras, algo asustado, llama a una de las enfermeras. ¡Mamá, por fin viene el médico y te van a atender!, advierte Luisa a su madre pasando su mano por la encanecida cabellera de Doña María. Esta es mi Mamá, dice Luisa al médico, creo que está dormida. El doctor toma el pulso de Doña María, examina insistentemente su pecho, posa su mano en el cuello de la paciente, pide un equipo de emergencia y, al cabo de un rato, se dirige a Luisa: Lo siento, su Mamá se nos fue. ¡Cómo!, ¡No!, ¡No puede ser! ¡Mami... Mami!, grita Luisa desconsolada.

Señorita, le dice la técnica que le había atendido al llegar, firme estos papeles, por favor. Siento mucho lo sucedido, pero, así es la vida. ¡No, la vida no es así!, responde Luisa con firmeza, ¡A mi madre no la mató la vida!

A todas las Amandas
porque su dolor
se convertirá en
grito transformador.

AMANDA

Amanda era una hermosa adolescente del barrio "El Rezago" de Moca. Sus cóncavos ojos azules destellaban el brillo "hollywoodense" que últimamente han invadido nuestro extranjerizante mercado de insignificantes baratijas. ¿Porqué esa impulsiva identificación caucásica? ¡Cómo lloró, Amanda, aquella tarde soleada de nuestra conversación!

Se creía fea. Pensaba que no la querían en su casa y resentía mucho que la llamaran "la negra de casa". Por tal razón, era prioridad en su corta vida "adelgazar y comprar los famosos lentes de color azul que usan todas mis amigas", fantasía cóncava que lucía humedecida, al mirarme, buscando ser aceptada.

En el núcleo hogareño de su casa, en Moca, sufría el rechazo constante de su madre. Rechazo que sigilosamente aprovechaba su padre para el inapropiado acercamiento nocturno. ¿Qué hacer?, pensaba en sus explosivos momentos de soledad. ¿Irme de casa?, ¿Suicidarme?, ¿Hablar con Mami?...

Esperar. Esperar para, luego de tres largos e interminables años de amargura, escuchar la "cantaleta" insensible de su madre, cuando ella, sin poder tolerar más la situación, le contó lo sucedido.

De nada le sirvió refugiarse en la belleza "hollywoodense".

Su situación continuaba y aún no lograba entender que, más que soluciones cosméticas, su problema requería, al igual que tantos otros problemas sociales en la Isla, alternativas radicales y profundas que trastocaran su núcleo familiar.

Hoy, Amanda vive con su hijo en Estados Unidos. Su madre le recrimina el que "no ha venido a verme en los últimos años" y su padre, el abuelo no conocido de "Inces", comenta con sus amigos, entre palabras y el nauseabundo mal aliento del alcohólico. "Yo no quiero saber del paradero de esa puta".

A todos los Víctor
porque su voz,
más que un grito,
es un llamado a la conciencia.

VÍCTOR

Víctor trabajaba como enfermero en un hospital regional al este de la Isla. Durante sus últimos ocho años, ayudando a aliviar el dolor ajeno, conoció personas de todas las edades que vivían en los pueblos a los cuales el hospital ofrecía sus servicios.

Este hombre joven, comprometido y trabajador siempre quiso ser enfermero, al igual que su madre, porque sentía gran satisfacción ayudando a los enfermos que atendía.

Cuando estudiaba, según me cuenta, algunos de sus amigos se mofaban porque "la enfermería es cosa de mujeres". Víctor sonreía y estudiaba con mayor dedicación. Gracias a su motivación y fuerza de carácter se graduó un 28 del verano de 1986. Al año siguiente, comenzó a trabajar y, desde entonces, se ha ganado el respeto de sus compañeros de trabajo y la admiración de sus pacientes.

Una tarde de transfusiones y emergencias, de dolor y desesperanza, de llanto y desconsuelo, Víctor fue cesanteado porque "la privatización del hospital requiere prescindir de sus servicios". Esa semana participó en marchas y piquetes defendiendo su empleo, actividades en las que nunca había participado porque no entendía su necesidad. ¡Cómo se molestó cuando vio a la Secretaría de Salud en televisión acusando de "políticos" a los cesanteados que, junto a él, piqueteaban frente al capitolio!

Al día siguiente, Víctor fue con su esposa a hacer las compras escolares de Vitito, su hijo de siete años. Al salir de "La Gloria", una empresa puertorriqueña donde venden zapatos, medias y carteras, un tumulto de personas arremolinadas en el centro de la calle llamó su atención. Se acercó. Un hombre de edad madura, tendido en el suelo, se quejaba ininterrumpidamente. Víctor se identificó como enfermero y preguntó que había pasado. Un joven de unos quince años le explicó: "el señor estaba cruzando cuando una 4x4 le dio un cantazo". Víctor se acercó al hombre herido y preguntó ¿Cómo te sientes? "Con... mucho... dolor", contestó el hombre obviamente adolorido. No se preocupe, le consuela Víctor, hemos llamado una ambulancia y pronto le llevaremos al hospital. Gracias, suspiró el herido, pero, por favor no me lleven al hospital regional. ¿Por qué?, pregunta Víctor extrañado. "Porque... allí... hay un revolú... tan grande... que me pueden... dejar morir... por mantener viva... la política". Usted no se preocupe, lo tranquiliza Víctor, yo me encargaré de que eso no suceda.

La ambulancia llegó algo rápido al hospital, a pesar de los tapones, donde inmediatamente atendieron a Don Lalo. Víctor se mantuvo presente mientras lo atendían en la sala de emergencia.

Una vez ubicado en el cuarto 301, donde permanecería por unos días, Víctor se despidió: "Don Lalo, debo irme, pero lo dejo en buenas manos, dice señalando a Josefa, una ex compañera de trabajo. Todo saldrá bien, hasta pronto". Muchas gracias, agradece Don Lalo, personas como usted son de gran ayuda. Víctor se marcha y Don Lalo, reflexivo, le comenta a Josefa: "Ese muchacho es una gran persona y un buen enfermero. ¿Hace mucho que trabaja aquí?" Josefa, sonriendo, explica a Don Lalo que Víctor fue cesanteado recientemente del hospital. ¡Cómo!, exclama Don Lalo, ¡Cesanteado! y moviendo su cabeza de lado a lado dice en voz alta; Me puede alguien explicar, ¿Cómo es posible que se pretenda lograr excelencia en el servicio médico si botamos a los empleados como Víctor?

A todos los Pedros
porque son la piedra
donde se esculpirá
nuestro futuro.

PEDRO

Luís, ya en sus cuarenta, llega a casa. Exhausto por el trabajo del día, se abandona a su cama, un sofá de cojines grandes y acolchonados que le acompaña en sus sueños, mientras con sus tensas manos, desdobla con inquieta curiosidad, la carta que le entregó el cartero.

¡Hola amigo!:

¿Cómo estás? Te escribo porque me urge confiarte una experiencia que me deprime. Luís, me parece irónico, bochornoso y hasta injusto, que el gobierno, a través de sus agencias y los diferentes medios de comunicación, te hablen de democracia, de la necesidad de participación ciudadana, de la importancia de la justicia y el bien común, de que debemos ser buenos ciudadanos para, luego, cuando te conviertes en un joven dispuesto a vivir lo aprendido, sea el propio gobierno, con sus agencias represivas de la policía, el informante, el cooperador y el confidente, quien, de forma ilegal, atente contra tus derechos de libertad de expresión, reunión y asociación, entre otros. ¡Vaya contradicción!, pero no casualidad, que te motiven a luchar por la justicia, a vivir por el amor, para luego confeccionarte una carpeta o expediente, a tus espaldas, sirviéndose de la ignorancia, la ingenuidad y la intimidación de personas que, creyendo conocerte, dicen mil disparates sobre ti, con el único propósito de ficharte. Si supieras las noches que me he amanecido preguntándome ¿A qué llamamos libertad? ¿A qué llamamos democracia? ¿Podemos diferir o no podemos?

Amigo, pienso que esta forma de control social no sólo es ilegal (según el fallo del Tribunal Supremo) sino que viola los derechos humanos más elementales mediante el uso de la coacción, la intimidación y la persecución a la que nos someten. Atenta, además, contra toda sensibilidad humana y, al entramparte, se burla de la honestidad y el amor.

¿Qué piensas, Luís? Necesito saber tu opinión.

Tu amigo,
Pedro

Cerró silenciosamente la carta. Secó sus humedecidos ojos con el pañuelo de rayas multicolores que le había regalado su Mamá en su cumpleaños y se dirigió a su cuarto. Buscó entre sus libros una carpeta azul y blanco que leía ESTADO LIBRE ASOCIADO DE PUERTO RICO, POLICÍA DE PUERTO RICO, UNIDAD DE INTELIGENCIA.

Guardó la carta de Pedro en su carpeta, la cual había recibido recientemente y murmuró:

"Te entiendo, Pedro, te entiendo, por éso, debemos continuar la lucha".

*A todos los viequenses
porque su historia es nuestra
historia y nuestra lucha.*

TOÑO: "ME DUELE QUERERTE"

En Vieques conocí a Toño. Conversamos. De su bigotuda sonrisa manaban amores y quejidos que explicaban y describían lugares, situaciones y vivencias que conforman la historia viequense.

Este hombre sencillo, afable, trabajador y... hasta poeta, cuando hablaba de su vida realmente me hablaba de Vieques y cuando me hablaba de Vieques, me hablaba de su vida. Toño, como todo viequense, es Vieques.

Con él aprendí sobre la expropiación de tierras por la Marina de Guerra de Estados Unidos en la década del cuarenta. Me contó como su padre, quien para ese entonces trabajaba en la Central de Playa Grande, tuvo que recoger sus "motetes" y caminar, con el más pequeñín de sus once hijos en brazos, desde Playa Grande hasta Monte Santo con lágrimas en sus oscuros ojos y un extraño silencio que denunciaba su pena, su larga y profunda pena. Toño aprendió con su padre a ocultar su disgusto y a caminar "con una pena escondida", como nos canta Luz Celenia Tirado en una de sus bonitas y significativas canciones.

Me habló, además, de su infancia, de los malditos "No Trespassing" que regulan la vida en Vieques, de su afición por la pesca y su gran admiración por Carmelo, ese hermano querido obligado a emigrar a "Isla Grande" en el 1960 porque "en Vieques no hay futuro".

En nuestro breve recorrido por "Isla Nena" visitamos Villa Esperanza, el Fortín, Monte Santo, el Rompeolas, las aguas entrelazadas del Pasaje y casi todos los rincones de las siete mil cuerdas de tierra bautizadas como Isabel Segunda. También, porque no, algunos de los lugares restringidos de las veintiséis mil cuerdas de terreno que ocupa la Marina de Guerra Norteamericana.

Durante la noche fuimos de pesca. La quietud se reflejaba en la silueta de la luna que descansaba sobre las alas del Caribe, mientras, en nuestro pequeño radio de baterías, la voz salsera de Rubén Blades irrumpía el silencio con su "tiburón que buscas en la orilla, tiburón lo tuyo es mar afuera".

Con el delicioso café de la mañana que nos preparó Mamá Petra, Toño me explicó, con lujo de detalles, el peligro inminente que representan para Vieques los cientos de bombas y magazines que se almacenan en la región Oeste de la Isla y lo destructivo que ha sido para la costa Este el bombardeo anual que tanto el ejército norteamericano como el de otras naciones efectúan en sus ejercicios militares cada vez que "se les antoja jugar a la guerra".

Lo vi enjuagarse una lágrima cuando me contó el incidente del niño que murió a causa de la explosión de una granada viva que encontró cerca de los predios de la Base Muñiz. "Ese crimen no aparece en las estadísticas de la policía", me dijo con ojos de rabia. "Ese niño, continúo entre sollozos, ese niño, al igual que la muerte de muchos otros que han ofrendado su vida luchando por nuestra Isla, no han muerto en vano. Con su sangre se escribe nuestra historia".

La tarde del Viernes Santo la pasamos en la playa. Toño ayudaba a cocinar el suculento "guiso" de mariscos, que unido al plato nacional viequense: arepas con pescado, distingue a Isla Nena de nuestras costumbres culinarias criollas. Esa tarde se reafirmó mi identidad isleña, identidad que muchos puertorriqueños no han descubierto aún y ocultan tras el disfraz del metropolitanismo neoyorquino que nos llega a través del "supertubo" de la dependencia.

Luego del café, llevamos a su hermana Petrín al único dispensario médico de la Isla. Toño me explicó el porqué, en parte, la población viequense se reduce. "A nuestras mujeres la llevan a Fajardo a parir dizque porque en Vieques no hay recursos suficientes para atender el parto. ¡Ya no nacen viequenses!", me comentó molesto. "¡Es insólito!, continuó, que aumente la población en todos los pueblos y en Vieques haya disminuido de 20,000 habitantes que había en los cincuenta a 8,000 que nos quedan en el presente. Nuestra población, enfatiza, es una población adulta. Nuestros jóvenes se marchan en busca de estudios y trabajo. El que se va no regresa, sentenció. La presencia de la Marina de Guerra ha convertido al viequense en una especie en peligro de extinción. Y eso nos duele, amigo, cómo nos duele". Pero, ¿qué dice el pueblo? ¿Qué hace?, le pregunto angustiado. "No mucho. Es un pueblo inconforme, pero cansado, dolido. Yo te diría que al pueblo de Vieques le duele la vida". En ese preciso momento, Nandín, el cuñado de Toño, nos llama al patio de la casa donde los muchachos coreaban en unión a Gilberto Santa Rosa "Me duele quererte". A partir de ese momento comprendí que también son viequense y canté con ellos "Y una luna perversa se ríe de mi pena".

El domingo temprano partí rumbo a Fajardo. Conmigo partieron momentos alegres, vivencias, sentimientos, recuerdos y una fuerte sensación de que parte de mí se quedaba en Isla Nena y parte de Vieques me acompañaría por siempre. Nunca olvidaré la silueta del árbol de tamarindo que, desde la distancia, nos decía adiós. El tamarindo, símbolo de la justicia viequense, árbol en el cual, yo espero que algún día, se cuelgue al... pasado.

****

Hoy, mientras escribo estas memorias, pienso en Toño, en su muerte, y su voz es un grito en el silencio retumbando en mi conciencia.

*A todos los que se
encuentren en CRISIS
porque de su proceso
crecerá la humanidad.*

CRISIS

No sabía exactamente porque, pero era necesario tomar una decisión. Había vivido largos años de angustia, sentimiento que persistentemente azotaba con fuerza su deseo vehemente de objetivar su soledad. ¡Cuántas noches perdidas! ¡Cuánta energía desperdiciada! ¡Cuánto dolor! ¡Cuánto silencio!

"Es preciso callar por el momento", pensaba. "La verdad aunque necesaria, cuando es cruda, es cruel como la vida cuando se desnuda ante nosotros. ¿Cuántos podemos enfrentarnos a la verdad? A cada uno se nos presenta la oportunidad de enfrentarnos a ella y es, precisamente en ese momento, que empezamos a conocernos y a conocer", reflexionaba.

Su diario vivir lo empujaba a reflexionar. Contemplaba a su pareja desde la intimidad de su soledad y hurgaba entre sus pensamientos excusas, pretextos y lamentos que no le permitían vomitar su verdad, pero, el "todo los días" de su convivencia estallaba en su cara recordándole sus "ansías de volar".

¿Qué hacer?, se preguntaba. "Tengo familia, casa, compañía, todas las cosas que necesito, un lugar donde descansar, atenciones y mucho más, pero, ¿la verdad?... ¿Dónde está la verdad? No hay vida sin verdad y, lamentablemente, a mí me gusta vivir mi existencia más que existir en la vida. ¿Para qué existir, coexistir debo decir, donde no hay vida? ¿Por qué tolerar esta angustia que consume? ¿Para qué reafirmar la mentira y sepultar la verdad? Puede alguien decirme... ¿Para qué?"

"Mis hijos, recordó, ¿qué pensarán? ¿Cómo enfrentarán su dolor? ¿Entenderán? ¿Cómo juzgarán mi opinión por la verdad?, pero, me preguntó también, ¿cómo juzgarán mi opción por la mentira? ¿Debo ser modelo, para ellos, de vida o existencia?" Por amor a tus hijos, sentencia ese verdugo llamado "el qué dirán social". "Yo amo a mis hijos, continuó. ¡Cuánto los amo!, pero mi amor es un amor real, fundado en la verdad. Mi amor es... antítesis de la mentira. El engaño, la farsa, es la posposición del dolor; el escondite de los cobardes y templo de los manipuladores. La verdad, aunque duela, es amor y el amor, vida". Mecánicamente cogió su guitarra y cantó. "Es curiosa la vida cuando te da el amor, te lo da a pedacitos de alegría y dolor".

Un rayo travieso de sol que se coló por la ventana lo despertó temprano. Se bañó. Coló café y, mientras se vestía, encontró un pensamiento en cada ojal de su camisa y una reflexión involuntaria se atascó en la hebilla de su correa. "Un día más, se dijo, otro apesadumbrado y angustioso día de esta interminable y prolongada espera. ¡Cómo quisiera reinventar el tiempo y convertirlo en luz!

¿Su esposa?... Ella no pensaba en el divorcio. Todo le iba muy bien. Tenía de todo... y algo más. Su escenario era, perceptualmente, muy diferente al de Ramón. No había, por lo tanto, la necesidad de provocar cambios. Ella había ajustado su vida a sus prioridades institucionalizando su relación matrimonial. Durante el almuerzo conversó con Tato, su amigo de tertulias. Minuto a minuto expuso su situación. En cada vocablo usado se asomaba una emoción, con la ansiosa intención de liberarse y liberar su angustia de las anquilosantes estructuras que le asfixiaban. Tato escuchaba pacientemente. La solidaridad no se hizo esperar. Ambos lloraron. Ramón, porque no veía el Sol. Tato, porque en su claro día se asomaba la noche. A veces, pienso que la solidaridad es amiga de la coincidencia más que de la conciencia. Se solidariza más quien se identifica, el que no ha vivido, no entiende.

Lo inevitable llegó. Ramón y su esposa conversaron. Bruscamente, Ramón se levantó y se marchó. Ella, llorosa, se enfrentó a su verdad y la de Ramón. Ambos crecieron. El mito desapareció y la humanidad hecha sol les alumbró el camino.

Hoy, cuando cuento lo que me contaron, Ramón se convierte en voz. Una voz que intenta colarse por las hendijas y ventanas de aquellas otras voces que se refugian en su silencio.

A todos los Alfredos
porque son "agentes
catalíticos" para
el cambio.

VIRAZÓN

La tarde transcurría lentamente. Alfredo no quería llegar a su casa. ¿Cómo le diré a Mariana que me suspendieron del trabajo?, se preguntaba. ¿Qué vamos a hacer con tantas deudas? ¿Cómo explicarles a los nenes que tendré que cambiarlos de escuela? Camino a su casa hizo un par de paradas y se tomó algunas Medallas, algo que no acostumbraba a hacer.

Al llegar a su casa: un caserón de tres cuartos, amplio, con un patio grande y limpio, ubicado en la esquina de la calle Consuelo de la urbanización Los Robles, Mariana lo recibió, como de costumbre, contenta y con la comida en la mesa. ¿Qué pasó que llegaste tarde?, le pregunta. Me quedé hablando con Rafa y Manolo, contesta un poco apesadumbrado. ¡Ya me imagino!, se desahoga su esposa, estoy segura que te hablaron de que no se debe vender la telefónica, que te unas al Paro y... te metieron miedo con eso de la privatización. ¿Qué saben ellos?, terminó diciendo. Es cierto, asiente Alfredo, hablamos un poco de todo eso, pero, porque yo les pregunté. Quería saber que pensaban ellos. Pero Alfredo, ¿por qué te pones con eso?, insiste ella algo desconcertada. Porque yo quería saber si al vender la telefónica se afectaban nuestros empleos, explica él. ¿Y qué te dijeron?, vuelve a preguntar ella. Que algunas plazas se afectaran y otras no. Que siempre despiden algunos empleados y retienen a otros porque cambia el enfoque empresarial. De un enfoque social que enfatiza en el servicio cambia a un enfoque empresarial privado cuyo propósito es aumentar la ganancia y, para eso, es necesario reducir la nómina y desmantelar el Movimiento Obrero. ¡Bah!, expira Mariana, eso no es así. ¿Y los años de servicio del empleado, no cuentan? No te dejes engañar y cuida que no te vean mucho con ellos. No conviene que no identifiquen con "esa gente". Espera, la detiene Alfredo, ¿a quién te refieres cuando dices "esa gente"? Esas personas son trabajadores con familia al igual que nosotros. Sí, interrumpe Mariana, pero les gusta mucho la política. Por eso se pasan hablando de Paros y huelgas. No, Mariana, no. Ellos tienen razón, ya han empezado a enviar cartas de suspensión a algunas personas. ¡Claro, añade ella, a los que se pasan peleando y oponiéndose a todo! Mariana, también se las envían a personas como nosotros que nos hemos dedicado a trabajar en silencio porque creemos que es mejor así. Mira, son cartas como ésta, le dice mientras extiende la mano y le entrega su carta de suspensión.

Mariana la lee cuidadosamente, estalla en llanto y al cabo de unos minutos le dice a su esposo: ¿Cuándo es el Paro? ¡No pienses que vamos a quedarnos en casa viendo las noticias por televisión!

*A todas las Cristinas
porque con su dolor
reafirman la importancia
de la prevención.*

"ME LO CONTO CRISTINA"

Con los inconvenientes típicos del que no tiene agua, Cristina, friega los trastes sucios de la mañana. Le queda medio galón "La Montaña" y aún no se han bañado los más pequeños. "Ojalá nos caiga un chorrito esta noche", murmura inconforme. Sus hijos, los más pequeños, juegan en la acera del frente, mientras Richy, el adolescente, aún no regresa de la escuela.

Ocupada con el millón de tareas del hogar pasa la tarde sin darse cuenta y comienzan las noticias de las seis cuando Manuela, su vecina, la llama: ¡Cristina!, ¿te queda un poco de agua que me des? Manuela, responde Cristina, lo único que me queda es el poquito que estoy usando y aún tengo que cocinar. ¡La verdad que esto del agua nos está matando!, exclama Manuela. Es un abuso. Lo más que hay es agua, explica Cristina, los parques acuáticos y los "carguash" la botan por montones. Eso es verdad, afirma Manuela, mi hija vive cerca del parque Las Cascadas en Aguadilla y me cuenta que los fines de semana no cabe un carro más en el "parking". ¡Cállate, advierte Cristina, oye lo que dicen las noticias!" Un grupo de vecinos de los barrios Aceitunas, Cuchilla, Naranjo y Las Marías de Moca protestan por la falta de agua" ¡Ves

Manuela, esos son los barrios de la gente pobre. Te aseguro que en Fortaleza siempre hay agua! Y en casa del alcalde también, añade Manuela con cierta picardía.

Los niños, con ropa sucia y alborotando, entran pidiendo comida y Cristina les suplica que hagan silencio que están escuchando el noticiero. ¡Mira, grita Manuela jamaqueando el brazo de su amiga, mataron un muchacho en la escuela La Desesperación! ¡Otro más!, expira Cristina. Ese problema no hay quien lo acabe. Esa campaña de LA MANO DURA se ha convertido en la de LAS MANOS ATADAS. Yo no veo que esto mejore. ¡Espera, mira ese cadáver, no se te parece al de... Manuela calla sin terminar. ¡No!, grita Cristina, ¡No! Tranquilízate, la consuela Manuela, a lo mejor no es Richy. Tu sabes que hoy día to' los muchachos se parecen. ¡Mi Richy, mi Richy!, llora Cristina desconsolada. "Se piensa que la muerte está relacionada con el trasiego de drogas en la Isla", continúa el noticiero. "Ya se apresó al agresor, quien confronta cargos de asesinato en primer grado" ¡No!, grita Manuela esta vez, al ver al joven que se encuentra entre las rejas. ¡No puede ser!, vuelve a gritar con llanto descontrolado. Ambas se miran sin poder creer que Fico, el hijo de Manuela, haya matado a su mejor amigo. ¿Qué nos está pasando Cristina?, pregunta Manuela entre sollozos. No sé, Manuela, no sé, pero nos estamos matando nosotros mismos.

POEMAS

PARA

ROMPER

EL

SILENCIO

COMPROMISO

Ser de los sinceros,
de los honestos,
de los genuinos,
de los sensibles,
de los que hablan con verdad,
siempre,
es el reto
para el hombre y la mujer
que anhelan cambio.
Es pretender que el sol
salga por el oeste,
la luna alumbre
con luz propia,
el sol derrame agua
en la sequía,
el suspiro se convierta en grito
y el grito en pan
diario de la gente.

Ser de los sinceros,
de los honestos,
de los genuinos,
de los sensibles,
de los que hablan con verdad,
siempre,
es combatir el delito
y amar al delincuente,
ser hermano del pobre
y denunciar la pobreza,

despreciar la mentira
y predicar la verdad,
educar la ignorancia
y aceptar el reto
de cambiar.
Ser de los sinceros,
de los genuinos,
de los honestos,
de los sensibles,
de los que hablan con verdad,
siempre,
es amar.

OPRESIÓN

El Poder
se transformó en espuma
dispersándose por el mar
arropando las playas,
las islas, el arrecife
y el manglar.

El Poder
se vistió de sol
extendiendo sus brazos
al infinito
arropando los pueblos,
las montañas, los valles
y los ríos.

El Poder
se disfrazó de amor
conquistando hombres,
mujeres y niños
con la oscura intención
de arropar el Caribe
y disfrutar su dolor.

ANHELO

Palpo,
una conciencia de necesidad
en el diario vivir
de nuestra gente.

Observo,
en medio de la abundancia,
una "hartura" por lo que se tiene
y una "hambruna" de felicidad.

Diviso,
en la distancia,
picos de esperanza,
optimismo,
una enorme fuerza que se levanta
arropando el pasado-presente
del presente-pasado
transformando el futuro.

Anhelo,
ser movimiento,
motor,
vibración,
en este sismo que comienza
a trastocarlo todo.

ALAS ROTAS

Pienso en la soledad
de los colonizados,
en su antifaz,
en su dolor,
en su quejido,
en su tristeza,
y un grito de libertad
me brota,
pues no puedo tolerar
la angustia
de vivir y morir
con alas rotas.

MI VERSO

Estoy buscando el verso,
lo busco en todas partes,
en la mujer, el niño,
el vino y el poeta,
pero el verso se ha ido
cerrándome la puerta.
Estoy buscando el verso,
cualquiera,
el del amigo enfermo,
la mujer que trabaja,
la flor, la primavera,
el hombre, la montaña,
pero el verso,
el de todos los días,
el verso callejero
convertido en suspiro,
el nombre y el profano,
el verso que enamora,
el callado,
el que todo lo dice
porque "todo lo sabe",
el verso caminante,
el verso madrugada,
el verso convertido
en vida cotidiana.

Estoy buscando el verso,
esencia,
de la conciencia humana.

IDENTIDAD

Aquella tormenta,
la de mi infancia,
creció con la vida
de los que me quisieron.
De aquéllos que me dieron
mi razón de existir.
Aquella tormenta
es hoy un huracán,
cuya fuerza,
me obliga a recordar:
veo a Ramona,
aquel tizón de mujer liberada,
luchando por los suyos.
De su entrega, mi fuerza.
Angelina,
pedazo de África
sembrado en mi tierra,
de ti, la bondad,
el respeto, la mirada seria,
la firmeza, la hidalguía.
De su entierro,
mi amor por la danza,
la plena y la poesía.
De Joaquín,
aquella muleta
de corazón de hombre,
la alegría.
"¿Pa' qué más?"

De Flavio,
la anecdótica figura
de cuentos y canciones carceleras,
a temerle al temor
más que a la vida.
De María,
la de la risa incansable,
me llevaré conmigo
su sabor a café .
De Pablo,
el del truck y la barba,
sus consejos,
acertados o no, pero en fin,
sus consejos.
De Eladio,
trabajador incansable del hogar
y hermano de sueños infantiles,
los primeros atisbos
del hombre en su liberación.
De Raquel,
aquel pedazo de cariño mutilado,
el reto,
y un "Gracias a la vida".
De Mon,
el papá del plenero,
el contenido social
de su música,
plena costera
comprometida con la vida
de nuestra gente.

De Lucy,
la sirena del mar
que me recuerda a Julia,
la inocencia.
De Guito,
la mujercita aquella
que llamó mi atención,
la ternura
de los primeros años.
De William,
el joven atleta
forzado al retiro por la droga,
el coraje que producen
el abuso y la injusticia.
De Pucho,
el polifacético
que no sabía que hacer,
comprendí lo injusto
de nacer en la pobreza.
De Alemán,
nuestro Beethoven,
a conocer la música
en su rústica
pero natural expresión.
De Luis "Pelú",
quién como el junco
se negó a morir,
la astucia de vivir.
En fín,
del caserío me llevo
la lucha por la vida.

*A Villa Sin Miedo
comunidad desahuciada
en los ochenta.*

I

Acorralado, inmóvil,
entre las llamas y el ruido
fui testigo hasta el amanecer.

Palpé el abuso brutal
de los insensibles,
escuché la risa inhumana
de la burla,
inhalé los gases,
sentí el dolor de la impotencia,
sudé tristeza, lloré coraje
oculto en la maleza,
para contar a ustedes estas cosas.

II

Se acercaban hambrientas
las máquinas azules
demoliendo a su paso
el esfuerzo creador
del trabajo de un pueblo
que construyó un futuro
donde miles de niños
conocerían el amor.
Se acercaban hambrientas
las máquinas azules
pero también con ellas
se acercaba la furia
de un pueblo que acosado
levantaba su voz.

III

Se llevaron a Miguel,
balearon y macanearon a Vellón,
quemaron nuestras casas,
nuestros padres corrieron
por sus vidas,
los niños lloraban.
Ada se veía preocupada.
Desahucio,
guerra contra el pobre.
Ley parcial
de una clase social desesperada.
Esa es mi escuela.
He aprendido verdades
que no debo callar.
Gritaré,
cantaré con mi pueblo
la justicia.
Tal vez mueran Miguel,
Ada y los otros.
Tal vez muera la Villa,
pero hubo niños,
lloraron, sufrieron,
niños con futuro,
para una lucha nueva.

*A Adolfina Villanueva
asesinada por la policía
en defensa de su hogar.*

ADOLFINA

Adolfina no ha muerto
Anónima por años,
cayó tendida para nacer.
Adolfina,
conciencia del acero,
permanece inmóvil
sobre tierra fértil.
Adolfina Mujer,
vivirá,
Adolfina Madre,
también,
Adolfina Esposa,
en el recuerdo.
Adolfina no ha muerto,
está presente,
Adolfina Pueblo.

ENCUENTRO

Ayer tarde,
visité la pobreza.
A pesar de sus harapos
es una hermosa mujer.
La vi tímida,
triste, afectuosa.
seria, alegre y revoltosa.
Un inmenso dolor
se apoderó de mí,
lloré, no pude contenerme,
mi pueblo
asomaba su cara
en aquella mujer.
Hablamos, no podía verme,
no había comido del pan,
pero vivía felíz,
sin comprender,
porque emigró de su cuna
hacia el "estado vacío".
Ayer tarde visité la pobreza
y fuimos dos los sorprendidos.
Ella, conoció en mí
la sensibilidad.
Yo, conocí de ella
la verdad.
Ayer tarde visité la pobreza
y maldije mil veces
el "derecho de nacer".
1984, New Jersey

SOLIDARIDAD

Levanta tu grito
con mi grito
si no puedes soportar
más tu silencio.
Caminaré contigo
la distancia
combatiendo imposibles,
transformando sueños
y denunciando verdades
en mis versos.

SER

Necesito caminar,
mi energía me impulsa.
Me angustian la quietud,
el sueño y el cansancio.

Necesito caminar
hacia la vida o la muerte,
no importa,
porque vivir o morir,
caminando,
es la única manera
de vivir, siendo.

...Otros

ADIÓS

Hoy, nuestra búsqueda
existencial
rompió el secreto,
lloramos,
tú, porque eres sensible,
Yó, porque fui sincero.

AUSENCIA

Anoche entre mis sueños
me encontré con tus ojos
Sus destellos guiaron
mi pena y mi ansiedad
Me desperté pensando
que tú estabas dormida
Y al buscarte en mi cama
y tú no estar presente
Me abracé a mi silencio
con el deseo vehemente
De dormir nuevamente
y jamás despertar.

SIEMPRE TÚ

Te busco en el silencio
de esta casa vacía
tan llena de recuerdos
y de melancolía.
Te busco entre las sombras
de este absurdo silencio
donde cantan las voces
su cántico de ensueños.
Te busco en todas partes
me hacen falta tus gestos
y al no poder hallarte
te construyo en mis versos.
Te busco, ¡cómo te busco!
amor que ya no estás.
Te busco en el silencio
de esta nave sin rumbo
y te quedas conmigo
aunque siempre te vas.

NAUFRAGIO

Soy la soledad.
En las noches sin luz
la luna llena
me baña de silencio.
Escucho los ruidos de la noche
y hablo con las estrellas,
en mis desvelos,
buscando naufragar el vacío.
Me sumerjo en la vida,
resurjo,
y aún en sombras
descubro mi soledad
en la llama que aún perdura.

AMIGA

Anoche fui parte de tu historia.
Me sumergí en ella mientras te desbordabas.
Bajé al fondo.
En él encontré cicatrices maquilladas
con el polvo del tiempo.
Remolinos de fuerzas opuestas,
magullones, heridas anquilosadas
en el baúl de los recuerdos.
Miles de historias pasaron por mi mente,
aún pienso en ellas,
mientras en mis ojos,
no sé si lo notaste,
se asomó la nostalgia.
Hubo mucha inquietud.
Luego vino el silencio,
y con él, la esperanza,
porque ante mí,
te convertiste en flor.

¿DÓNDE ESTÁS?

¿Dónde estás?
No te siento en mis labios
resecos por la ausencia.
No te siento en mis manos
vacías de cariño.
No te siento en mis ojos
cansados de buscar.
¿Dónde estás?
Percibo tu silueta
confundida entre sombras.
Escucho tu silencio,
me huele a ti.
¿Dónde estás?
En mis ansías...
En mi antojo...
En mi búsqueda...
¿En mí?

ESPEJÍSMOS

De niño,
imaginé el amor
coronado de caricias,
gracias a la ternura
del primer beso.

Pacientemente,
me senté a esperar
la primavera
buscando cultivar
amores nuevos.

El beso regresó,
esta vez fogoso,
febril y apasionado
e imaginé al amor
vestido de fuego
con puntillas de sol
entre sus llamas.

Llegado el invierno
un beso tibio
se posó en mis labios
y pensé al amor
como gotas de frío
cubriendo de escarcha
la emoción,
y me encontré sentado,
nuevamente,
volviendo a esperar la primavera.

OASIS

Vuelvo a la soledad,
espacio en el que
me refugio,
como acero en el fuego,
para fortalecerme.
Y es en esa soledad donde,
como Unamuno,
resurge el hombre-cosmos,
renace el hombre-mundo.
Vuelvo a la soledad
y en ella me reafirmo
a continuar.
Me convierto, a golpes,
en arquitecto de caminos
por donde viaja la imaginación,
coqueteándole a la realidad
su deseo profundo
de transformar.
Vuelvo a la soledad
para esculpir a verso limpio
nuestra verdad.

RAÍCES

Cantan al sol de plena
nuestras raíces
repiqueteando panderas
con cánticos de azúcar
anunciando la zafra cultural.
Cantan al son de bomba
nuestros sentimientos
elevando al bayombe
el ánima inmortal
conformando en la conciencia
la cultura universal.
Cantan al son de décima
los cafetos importados
al son del cuatro templado
con un sabor andaluz
en amanecer gallego,
integrándose su canto
a nuestro asopao cultural.
Cantan al son de salsa
las máquinas industriales
con timbales y cencerros
saxofones y trompetas
ensordeciendo el origen
y enalteciendo las sombras
en burundanga cultural.

Cantan al son de rapeo
la informática, el cable
y los sintetizadores
difundiendo nuevas voces
con fonemas atonales
que aún transmiten en sus ritmos
nuestro acervo cultural.

PRESENCIA

Busco,
entre páginas viejas,
tu poema,
el que aún no he escrito
porque vive en tí y en mí,
porque se construye
con el fuego ardiente
de nuestro diario vivir,
porque le faltan versos,
travesuras de amor,
vivencias,
que aún espero conquistar
apasionado.

PEREGRINO

En torno a mí
la vida se esfuma,
como el humo.
Mis años me detienen,
la vida sigue.
El tiempo nunca se detiene,
nos arrastra, nos lleva,
nos encanece la vida,
golpe a golpe,
dejando en cada golpe
una herida,
y en cada herida
el deseo infinito
de volver a empezar.

BANDERA

Blanco, rojo y azul
colores de mi bandera
blanco, rojo y azul
colores que mi alma lleva.
Son cada cual un mensaje
y en conjunto una oración
que vuela por los paisajes
susurrando una canción.
Blanco, rojo y azul
oración de primavera
blanco, rojo y azul
colores de mi bandera.
El blanco lleva prendida
la pureza de mi pueblo
en el rojo está encendida
la llama de los recuerdos.
En el azul con orgullo
se ve flotar una estrella
en mi corazón y el tuyo
flotando está una querella.
Blanco, rojo y azul
colores de mi bandera
serán mi única luz
en la era venidera.
Luz que como el sol alumbre
a los hombre de mi tierra
y que en mi alma se ahunde
para despreciar la guerra.

Blanco, rojo y azul
colores de mi bandera
blanco, rojo y azul
arropadme cuando muera.

DECIR MI PALABRA

*Me ha costado tanto
decir mi palabra.
Que, a veces, no sé
si repito la ajena
cuando mastico la mía
o si repito la mía
cuando mastico la ajena.
Me ha costado tanto,
pero, a pesar del dolor,
es mi palabra,
cocida con los ingredientes
del trabajo, la experiencia
y el cariño de los míos.
Una palabra hecha
a "imagen y semejanza"
de las voces del pueblo.
Con ella canto, río,
lloro, hablo, pienso,
existo.
Es ella, la palabra,
quien vive en mí,
yo soy, eso, un vocablo
construido en el forcejeo
del sudor hecho idea
en la conciencia histórica
de mi pueblo.*

Pero mi palabra
no sólo es mía.
Es la del "Negro",
de Pucho, Noel,
Carmen, Luisa
y de Ramona.
De mi madre y mi padre,
mis hermanos,
maestros, compueblanos.

Porque, en fin,
mi palabra es mi pueblo
y sus verdades,
transmitida a mí
en la hoguera viva
donde habitan los de abajo.

Wilson Rivera Ramos ha enseñado en los diferentes niveles educativos: elemental, secundario y superior de Puerto Rico y los Estados Unidos. Como sociólogo, además de su práctica en la educación universitaria, ha participado en investigaciones sociales diversas y ha publicado ensayos, cuentos, y poesías en varios de los diferentes periódicos y revistas del país: **El Nuevo Día, Claridad, Interludio**, y otros.

Es autor del libro de cuentos **El Carimbo No** y los poemarios **Versos Violetas** y **Versos Urgentes.**

Se ha destacado en el arte de la declamación y el teatro, participando en grupos artísticos como ARSNOVA y en las obras de teatro **¡Qué te pasa a ti!** y **La Cosa No Es Como Antes.** Fue director y moderador del programa radial **"Conversando con Nuestra Gente"** en radio **WAEL 600.**

Se ha desempeñado como ayudante del director en la **Oficina para el Desarrollo de la Juventud**, en proyectos de prevención comunitaria, y como coordinador de programas a la comunidad, en el manejo de la Violencia Doméstica.

www.ingramcontent.com/pod-product-compliance
Lightning Source LLC
Chambersburg PA
CBHW050535280326
41933CB00011B/1597

* 9 7 8 0 6 9 2 3 8 6 5 8 3 *